Hölle im Internet
Dem Cybermobbing auf der Spur

Manuela Aberger

Hölle im Internet

Dem Cybermobbing auf der Spur

Impressum

© 2013 *Manuela Aberger*
1. Auflage
Herstellung und Verlag:

BoD - Books on Demand, Norderstedt
Schreibbüro und Lektorat Manuela Aberger
Fotos von: www.bilderbox.com
ISBN: 9783732246250

Bibliografische Information der Deutschen Nationalbibliothek:
Die Deutsche Nationalbibliothek verzeichnet diese Publikation in der Deutschen Nationalbibliografie; detaillierte bibliografische Daten sind im Internet über http://dnb.d-nb.de abrufbar.

Inhaltsverzeichnis

1. Vorwort

"Der Mörder sticht dem Opfer in die Kehle.
Der Mobber sticht dem Opfer in die Seele."
(Ein Zitat von Robert Keller)[1]

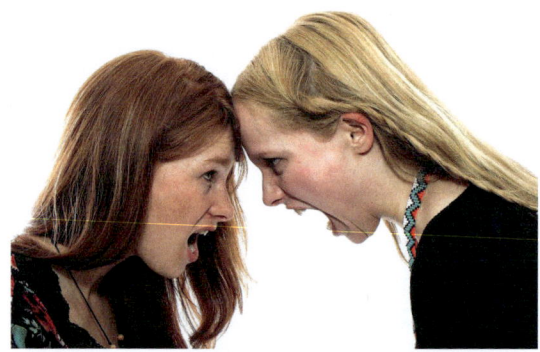

Abbildung 1: Bei Cybermobbing fehlt die direkte Konfrontation. Dadurch sind die Reaktionen des Opfers sowie die Person des Täters für die Gegenpartei nicht einsehbar.

Im November des Jahres 2011 wurde die Kanadierin Retaeh Parsons – damals 15 Jahre alt – auf einer Party

---

1 Aphorismen.de http://www.aphorismen.de/suche?f_thema=Mobbing

von insgesamt vier jugendlichen Männern grausam verge-waltigt. Doch damit nicht genug, fotografierte einer der Bur-schen die Tat und stellte die Fotoaufnahme anschließend ins Internet. Außerdem verbreitete er das Foto in der Schu-le und am Wohnort der Jugendlichen Rataeh Parsons. Von diesem Tag an beschimpften Bekannte das Mädchen als Hure, Freunde hatte sie ebenfalls keine mehr. Infolgedes-sen erkrankte das Mädchen an Depressionen und musste ihren Wohnort und ihre gewohnte Schule verlassen. Doch war das die Lösung? Keineswegs, denn nur 1,5 Jahre spä-ter fanden die Eltern ihre Tochter tot in ihrem Badezimmer vor. Sie hatte Suizid begangen.

Rataeh Parsons ist aber bei Weitem nicht das einzige Opfer von Cybermobbing und Kanada auch nicht das einzi-ge Land, in dem dieses Problem eher der Alltag als die Ausnahme ist. Im Rhein-Main-Gebiet ereignete sich vor Kurzem ein ähnlicher Fall. Dabei veröffentlichten die Täter Nacktfotos eines minderjährigen Mädchens auf der Sozial-Network-Plattform Facebook – inklusive ihres Namens, ih-res Wohnorts und ihrer Schule. Die JIM-Studie bestätigt, dass mittlerweile in etwa jeder Vierte mindestens ein Cybermobbing-Opfer persönlich kennt. Dieselbe Studie belegte außerdem, dass in etwa 30 Prozent aller Mädchen und Jungen im Alter von 12 bis 19 Jahren das Cybermobbing als eine der größten Gefahren des World Wide Webs betrachten. Außerdem gelangte die JIM-Studie zu dem erstaunlichen Ergebnis, dass das Cybermobbing bereits bei einem Viertel aller Internet-Nutzer, die sich im Jugendalter befinden, zum Einsatz kam, wenn es darum ging, einen Bekannten oder Schulkollegen zu erniedrigen. Von Cybermobbing betroffene Kinder werden von ihren Mitmenschen im Internet beleidigt, verleumdet und bedroht. Betroffene fühlen sich, als befänden Sie sich in der Hölle. Vor allem Jugendliche zwischen 12 und 16 Jahren sind von Cybermobbing betroffen. Grund hierfür dürfte sein, dass man ab diesem Alter in Besitz eines eigenen PCs kommt und zunehmend unkontrolliert im World Wide Web surft und mit anderen Users via sozialer Plattformen kommuniziert. Eltern fühlen sich häufig hilflos, wenn sie mit dieser Thematik konfrontiert werden, weil sie selbst bisher keinerlei Erfahrungen mit Mobbing im Internet – einer Technologie, die sich erst nach ihrer eigenen Kindheit und Jugend entwickelt hat – gemacht haben. Aktuell geben lediglich 44 Prozent aller Eltern zu, dass sie ausreichend über das Thema Cybermobbing informiert sind. Bei den Lehrern sind es sogar nur 39 Prozent, die sich für ausreichend aufgeklärt halten.

Als Eltern sollten Sie das Problem ernst nehmen, denn Cybermobbing kann fatale psychische Folgen mit sich bringen. Ziel dieses Buches ist es, Ihnen als Eltern Ratschläge mit auf den Weg zu geben, die Ihnen dabei helfen sollen, Ihr Kind erfolgreich aus dem Teufelskreis des Cybermobbings heraus zu holen. Alleine wird es ihm nur schwer möglich sein, sich von den Attacken der anderen Internetnutzer zu befreien. Ihr Kind ist daher auf Ihre Hilfe angewiesen. Halten Sie sich an die in Kapitel 4 und 5 beschriebenen Tipps und Ihr Kind wird schon bald wieder ein glückliches Leben ohne Bedrohungen und Beleidigungen führen können. Doch zunächst soll geklärt werden, was der Begriff Cybermobbing überhaupt bedeutet und wie das Phänomen Mobbing im Internet entsteht. Schließlich können Sie Ihrem

Kind nur dann wirklich helfen, wenn Sie wissen, was überhaupt Sache ist und wie es zu den ständigen Attacken kommen konnte.

2. Definition und Entstehung von Cybermobbing

Abbildung 2: Cybermobbing ist Mobbing im Internet und beschreibt das Problem, dass der Horror auch nach Schulende kein Ende nimmt.

Um zu verdeutlichen, was unter dem Begriff Cybermobbing – häufig ist auch von „Cyber-Bullying" oder „E-Mobbing" die Rede - zu verstehen ist, soll an dieser Stelle auf die Definition des Bundesministeriums für Familie, Senioren, Frauen und Jugend zurückgegriffen werden. Sie beschreibt das Phänomen Cybermobbing wie folgt:

„Unter Cyberbullying oder Cybermobbing versteht man die Beleidigung, Bedrohung, Bloßstellung oder Belästigung von Personen mithilfe neuer Kommunikationsmedien – z. B. über Handy, E-Mails, Websites, Foren, Chats und Communities." [2]

Cybermobbing kann mit einem Handyvideo, das ins Internet gestellt wird genauso beginnen, wie mit einer von einer anonymen Nummer aus versandten SMS. Gleichzeitig besteht die Möglichkeit, jemanden mittels einer beleidigenden E-Mail oder eines unwahren Sozial-Network-Kommentars online zu mobben. Cybermobbing kann definiert werden als ein „Sich-fertig-machen-im-Internet" und nimmt in den letzten Jahren enorme Ausmaße an. Im Grunde können Sie das Cybermobbing mit dem herkömmlichen Mobbing in der Schule oder am Arbeitsplatz vergleichen. Der Unterschied besteht im Allgemeinen darin, dass beim Cybermobbing ein anderes Werkzeug zum Einsatz kommt als bei den anderen Mobbing-Varianten – nämlich das Internet. Täter und Opfer stehen sich also nicht unmittelbar gegen-

---

2 Bundesministerium für Familie, Senioren, Frauen und Jugend 2011
   http://www.bmfsfj.de/BMFSFJ/cybermobbing,did=168578.html

über, oftmals erfolgen die Attacken auch anonym, sodass das Opfer häufig gar nicht weiß, wer es eigentlich genau beleidigt. Ein weiterer Unterschied besteht darin, dass diese Form des Mobbings rund um die Uhr stattfinden kann.

Beim Mobbing in der Schule vollzieht sich das Ganze anders. Dort ist das Opfer den Schikanen der Täter nur so lange ausgesetzt, bis die Schulklingel läutet und alle Schüler die Klassenräume verlassen. Es gibt hier also eine zeitliche sowie örtliche Begrenzung der Attacken. Gleichzeitig ist die Reichweite der Handlungen im Internet enorm groß, da das Publikum nicht nur aus der näheren Umgebung des Opfers kommt, sondern aus aller Welt. Nicht nur Gleichaltrige können die beleidigenden Kommentare beispielsweise auf Sozial-Notwerk-Plattformen und Foren mitverfolgen, sondern auch die ältere und jüngere Generation. Dadurch, dass die Mobbing-Täter ihre Kommentare via eines Pseudonyms veröffentlichen können, sind sie vor Konsequenzen eher geschützt als herkömmliche Mobber. Dieser Umstand geht mit einem Enthemmungseffekt einher. Das bedeutet aber nicht, dass das Mobbing in der Schule oder an anderen Orten weniger verletzend und gefährlich ist als das Cybermobbing. Damit die Beleidigungen und Drohungen per Internet unter die Definition des Cybermobbings fallen, müssen diese über einen einen längeren Zeitraum hindurch regelmäßig stattfinden. Bedenken Sie, dass es sich nicht um Cybermobbing handeln kann, wenn zwei Personen miteinander im Konflikt sind. Von Mobbing kann grundsätzlich immer erst dann die Rede sein, wenn die jeweiligen Attacken von zwei oder mehreren Personen gegen eine Person oder gegen eine Gruppe von Personen, die sich eindeutig in der Minderzahl befindet, gerichtet sind. Mobbing zwischen zwei gleichberechtigten Personen existiert demnach nicht. In den meisten Fällen kennen sich das Opfer und die Täter sehr gut. Die Reaktionen der Opfer auf Cybermobbing können vielfältig sein. Angst, psychosomatische Erkrankungen, Depression und Schulverweigerung treten am häufigsten zu Tage. Weitere Symptome können häufige Bauchschmerzen, Kopfschmerzen und sozialer Rückzug sein. Als Hauptursachen von Cybermobbing können unter anderem Langeweile, kulturelle Disparitäten, Konflikte innerhalb der Klasse, veränderte Freundschaften und eine sich wandelnde Klassengemeinschaft genannt werden. Im

13

folgenden Kapitel sollen einige Erfahrungsberichte mit dem Problem Cybermobbing geschildert werden. Ich denke, aus diesen Vorfällen aus der Praxis wird ersichtlich, dass das Phänomen Mobbing im Internet eine bittere Realität mit schwerwiegenden Konsequenzen darstellt, die wir nicht länger tabuisieren, sondern vielmehr gezielt bekämpfen müssen.

3. Cybermobbing ist keine Seltenheit

Vor Kurzem führte der gemeinnützige Verein "Bündnis gegen Cybermobbing", dem Mediziner und Forscher genauso angehören wie Medienpädagogen, Lehrer und Eltern, eine Umfrage durch. Er wollte von Lehrern, Eltern sowie Schülern wissen, welche persönlichen negativen Erfahrungen sie mit der Thematik Mobbing im Internet bereits erlebten. Dabei kam er zum Fazit, dass in etwa jeder fünfte Schüler schon mindestens einmal jemanden im Internet beleidigt hat. Des Weiteren äußerten sechs von insgesamt zehn Lehrern, dass sie selbst bereits einmal Cybermobbing bei eigenen Schülern miterleben mussten. Die Umfrage ergab außerdem, dass Cybermobbing in etwa jeder dritten Schule mindestens einmal in der Woche vorkommt. Weitere bedeutende Erkenntnisse dieser Studie können wie folgt zusammengefasst werden:

$^{35}_{17}$ In etwa jeder sechste Schüler war bisher bereits einmal Opfer von Cybermobbing. Gleichzeitig erwähnte jeder zweite Befragte, dass er bereits online beschimpft und beleidigt worden sei. Jeder dritte Schüler, der von Cybermobbing betroffen ist oder war, äußerte, dass online Gerüchte und Lügen über ihn verbreitet wurden. Ein Viertel der Betroffenen klagte darüber, sich von anderen unter Druck gesetzt oder ausgeschlossen zu fühlen.

$^{35}_{17}$Von den befragten Eltern erwähnten lediglich rund 7 Prozent, dass ihre Kinder mit Cybermobbing konfrontiert worden sind. Offensichtlich ist es den Betroffenen peinlich, ihren Eltern von ihrer miserablen Situation zu erzählen. Das ist ein eindeutiges Zeichen dafür, dass aktuell noch viel zu viele Eltern das Problem Mobbing im Internet unterschätzen.

$^{35}_{17}$Bei den befragten Lehrern ergab sich ein anderes Ergebnis. Im Allgemeinen glaubten sie, dass circa 17 Prozent ihrer Schüler bereits einmal mit Cybermobbing in Kontakt gekommen sind. Die Aussagen der Lehrpersonen sind daher mit denen der Schüler beinahe deckungsgleich.

$^{35}_{17}$Am öftesten soll Cybermobbing Berufsschüler treffen. Insgesamt sieben von zehn Lehrern erwähnten, dass sich Cybermobbing in ihren Klassen mindestens einmal pro Woche ereignet. In der Hälfte aller Haupt- sowie Gesamtschulen sollen wöchentlich Attacken in Form von Cybermobbing erfolgen.

$^{35}_{17}$Auch über die Auswirkungen von Cybermobbing äußerten sich die Umfrageteilnehmer. So zum Beispiel glauben Lehrer, dass von Cybermobbing betroffene Schüler eine gedrückte Stimmung an den Tag legen, eine schwache Konzentrationsfähigkeit aufweisen und schlechtere Leistungen abliefern. Allerdings muss man bedenken, dass hier die Unterschiede zwischen normalem Mobbing in der Schule und dem Mobbing im Internet nur schwer ausfindig zu machen sind. In den meisten Fällen ist es eine Kombination aus Beidem: Das Mobbing beginnt morgens auf dem Schulhof und wird nachmittags im Internet oder über das Smartphone fortgesetzt.

$\frac{35}{17}$ Ein weiteres schockierendes Ergebnis der Studie lautet: Beinahe jeder fünfte Schüler – also ganze 19,1 Prozent – bekannten sich dazu, selbst bereits einmal jemanden schikaniert, bedroht oder beleidigt zu haben. Über ein Drittel der Mobbing-Täter sind ehemalige Mobbing-Opfer.

4. Cybermobbing ist bittere Realität

**Abbildung 3: Cybermobbing tut weh.
Die Selbstmordrate kann durch gezielte
Cybermobbing Prävention und Hilfe re-
duziert werden. Hierfür müssen Eltern,
Lehrer und die Politik allerdings an ei-
nem gemeinsamen Strang ziehen**

4.1. Louisa, du nervst, geh sterben

Im September des Jahres 2013 berichtete Spiegel Online Redakteurin Heike Sonnberger vom Schicksal der 14-
jährigen Louisa (dabei handelt es sich um ein Pseudonym,
um das Mädchen zu schützen), die vormittags in der Schu-

le gemobbt und am Abend im Internet schikaniert wurde. Sie war dem Mobbing rund um die Uhr ausgesetzt. Ein Entkommen gab es nicht. Einer ihrer Mitschüler schrieb ihr beispielsweise die folgenden Worte: „Du nervst, geh sterben, du bist so hässlich". Untertags wurde Louisa von ihren Mitschülern bespuckt und von einer Ecke in die andere geschubst. Diese Attacken führten dazu, dass das Mädchen morgens ständig unter Bauchschmerzen litt und sich zweimal pro Woche von der Schule fernhielt. Als man die Schulleitung mit diesem Fall konfrontierte, weigerte sie sich, Verantwortung zu übernehmen. Das Einzige, was der Direktor der Hauptschule in Bayern dem Mädchen riet, war, sich von Facebook abzumelden. Doch konnte das wirklich der Ausweg sein? Die Täter wohnten direkt in ihrer Umgebung, fuhren mit demselben Zug und liefen ihr auch privat ständig über den Weg. Das Mädchen sah keinen anderen Ausweg, als sich immer mehr in sich selbst zurückzuziehen und ihre Wohnung nicht mehr zu verlassen. Am Ende wechselte sie in eine neue Schule.

Spiegel Online Redakteurin Sonnberger erklärt:

„Sie macht sich Sorgen, dass die Hänseleien und Drohungen wieder losgehen könnten. Einige der neuen Mitschüler kennen schließlich Mitschüler ihrer alten Schule. Louisa setzt im neuen Schuljahr, das Mitte September beginnt, auf eine neue Strategie: Früher habe sie alles in sich hineingefressen, sagt sie. Jetzt werde sie die Gemeinheiten ignorieren. Durchs eine Ohr rein, durchs andere wieder raus." Leichter gesagt, als getan.“[3]

4.2. Zwölfjährige erhängt sich wegen Video im Internet

Abbildung 4: Die kleine Gabrielle war gerade einmal zwölf Jahre alt, als sie grausam gemobbt wurde und anschließend Suizid beging. Sie war doch noch ein Kind und hatte ihr ganzes Leben noch vor sich.

---

3 Sonnberger   2012   http://www.spiegel.de/schulspiegel/cybermob-bing-auf-facebook-schuelerin-erstattet-anzeige-a-853596.html

Die zwölfjährige Gabrielle Molina – ein stets als fröhliches Kind empfundenes Mädchen aus New York – erhängte sich in ihrem Schlafzimmer, nachdem sie grausamen Psychoterror im Internet erleben musste. Das Einzige, was der Familie geblieben ist, ist ein Abschiedsbrief. Die Tragödie begann mit einer Prügelei mit einer Schulkameradin. Ein Video über den Ablauf der Schlägerei wurde zusammen mit einem Kommentar, der die Behauptung enthielt, dass das Mädchen eine „Schlampe" sowie eine „Hure" sei, ins Internet gestellt.

4.3. 14-Jährige stürzt sich wegen Cybermobbing von Balkon

Abbildung 5: Abbildung 3: auch die 14-jährige Carolina starb infolge von Cybermobbing....Ob die Täter nun wohl zufrieden sind?

Von insgesamt 8 Burschen im Jugendalter wurde die 14-jährige Carolina aus Italien gemobbt. Auf einer Party stürzte sie sich ohne Vorwarnung von einem Balkon und starb sofort. Nur durch Freunde konnte man die Ursache für den Selbstmord des Mädchens ausfindig machen: Beleidigungen durch Facebook-Einträge trugen Schuld. Derzeitig sucht die Polizei nach Fotos und Videoaufnahmen, die die Burschen möglicherweise ins Netz gestellt haben.

Wie man all diesen Beispielen entnehmen kann, ist Cybermobbing nichts, das Menschen aus speziellen Kulturen, Ländern und sozialen Schichten betrifft. Vielmehr kann es jeden treffen. Mädchen und Jungen aus Deutschland genauso wie jene aus New York, Sydney oder Österreich. Immer mehr entwickelt sich Cybermobbing zu einer bedrohlichen Seuche, aus der es aus der Sicht der Betroffenen kein Entrinnen gibt.

5. Facebook – die perfekte Plattform für Täter

Abbildung 6: Facebook verbindet die ganze Welt, führt aber gleichzeitig auch Täter und Opfer zusammen.

Das Internet erweist sich immer mehr als optimaler Tatort, wenn es darum geht, Mitschüler und Bekannte zu beleidigen, zu beschimpfen und zu demütigen. Facebook & Co. machen es den Tätern leicht, denn ein Klick reicht aus, um einer anderen Person das Leben zur Hölle zu machen. Durch Facebook sind wir leichter und schneller erreichbar als im Alltag – wie wahrscheinlich ist es schon, dass uns unser Erzfeind aus der Schule nachmittags im Einkaufszentrum begegnet? Gleichzeitig erreichen Cybermobbing-Täter mit ihren Schikanen dank Facebook 25 Millionen

Menschen weltweit und können sich auf diese Weise viele Mitläufer sichern. Schnell kann es passieren, dass sich plötzlich sogar Menschen über einen lustig machen, die man selbst überhaupt nicht kennt. Mobbing tut weh und verursacht Schäden am Selbstwertgefühl. Ob aus Langeweile, aus Spaß oder deshalb, weil es cool ist – die Motivation für Cybermobbing kommt aus allen nur möglichen Richtungen. Das Internet stellt eine Enthemmung sowie eine Entkörperlichung dar, was das Thema Mobbing-Attacken angeht. So ist es bereits des Öfteren geschehen, dass Täter ihre Opfer völlig unbedacht schikanieren und sich nichts dabei denken. Schließlich können Sie von zuhause aus nicht abschätzen, wie sich das Opfer gerade fühlt beziehungsweise wie dieses emotional auf die Vorfälle reagiert. Die Tatsache, dass man sich im Internet jedes nur mögliche Pseudonym zunutze machen kann, motiviert sogar im Alltag völlig unauffällige Jugendliche dazu, andere Menschen bösartig zu mobben. Auch die Tatsache, dass bei Facebook Jugendliche auch voneinander lernen, führt dazu, dass immer mehr Jugendliche beiläufig erwähnen, dass sie jemanden mobben, weil alle anderen dies auch machen. Diese Form des Lernens bezeichnet man als Lernen durch Nachahmung und wurde uns bereits in die Wiege gelegt.

6. Cybermobbing – gibt es Möglichkeiten zur Prävention?

A

bbildung 7: Eine Garantie darauf, niemals Op-

6.1. Warum ausgerechnet mein Kind?

Diese Frage stellen sich viele Eltern, deren Kinder mit Cybermobbing konfrontiert werden. Grundsätzlich muss ich Ihnen sagen, dass niemand zu 100 Prozent davor geschützt ist, eines Tages im Internet gemobbt zu werden. Jeder Einzelne kann früher oder später zum Opfer werden – sogar ehemalige Täter selber. Nichtsdestotrotz kann man als Eltern einiges zur Prävention von Cybermobbing beitragen. Wie in vielen Situationen des Lebens gilt auch hier: Prävention ist besser als Nachsorge.

6.2. Cybermobbing gar nicht erst entstehen lassen

Um dem Phänomen Cybermobbing präventiv vorzubeugen, ist es wichtig, dass Sie Ihrem Kind frühzeitig lernen, dass private Daten im Internet nichts zu suchen haben. Weder soll es diese in Sozial-Networks wie Facebook, Twitter und Co. preisgeben, noch soll es sie per Chat an andere Nutzer weiterleiten. Klären Sie Ihr Kind darüber auf, dass es selbst dafür verantwortlich ist, was es im Internet sieht, tut beziehungsweise unterlässt und veröffentlicht. Erklären Sie ihm des Weiteren, dass bei der Veröffentlichung von persönlichen Fotos und Videos Vorsicht geboten ist. Jugendliche betrachten es häufig als Vertrauensbeweis, eigene Passwörter an Freunde oder an den Partner weiterzureichen. Erklären Sie Ihrem Kind, dass auch dies gefährlich ist, da es oftmals gerade die engsten Freunde sind, die sich zu einem späteren Zeitpunkt als Mobber entpuppen. Das Passwort sollte vielmehr geheim bleiben und nach bestimmten Zeitabständen regelmäßig gegen ein neues eingetauscht werden. Ein weiterer Rat, den ich Ihnen mit auf dem Weg geben möchte, ist, dass Sie Ihr Kind immer wieder in seinem Selbstbewusstsein sowie in seiner Empathiefähigkeit bestärken. Zudem ist es heutzutage bedeutend, dass Kinder ihren Mitmenschen Wertschätzung entgegenbringen. Erziehung spielt hier eine nicht unwesentliche Rolle. Außerdem sollten Sie sich als Eltern gemeinsam mit den Lehrern Ihres Kindes Projekte überlegen, die Kinder der ganzen Klasse auf das Thema Cybermobbing hin sensibilisieren. Nur wer weiß, was Cybermobbing ist und welche Folgen dieses Phänomen mit sich ziehen kann, wird von vornherein erkennen, dass andere Möglichkeiten der Problembewältigung effizienter sind. Ziel der Aufklärung soll es sein, dass Kinder einen reflexiven Prozess eingehen. Dadurch verbessert sich das Klima innerhalb der Klasse und Kinder sowie Jugendliche erkennen, dass Cybermobbing nichts Erstrebenswertes, sondern vielmehr etwas Böses ist. Wenn Kinder lernen, fair miteinander umzugehen und Transparenz als etwas Gutes wahrnehmen, verringert sich das Risiko, dass Cybermobbing betrieben wird. Außerdem kann es nur von Vorteil sein, wenn Sie Ihrem Kind einen positiven Umgang mit den neu entstandenen Medien beibringen. Medienkompetenz lautet also das Schlagwort, mit dem Sie sich künftig genauer auseinandersetzen sollten. Machen Sie Ihrem Kind des Weiteren bewusst, wie wichtig es ist, andere Menschen so zu behandeln, wie man selbst gerne behandelt werden möchte. Dies erspart einem so manchem Ärger im Leben.

6.3. Risikofaktoren beachten

Abbildung 8: Hält sich Ihr Kind häufig vor dem PC, wie etwa auf Sozial Network Plattformen oder in Chats - auf und ist es dort nicht gerade beliebt? Dann sollten Sie ein Auge auf Ihren Schützling haben.

Gibt es typische Opfer von Cybermobbing oder kann dieses Phänomen jeden treffen? Diese Frage wurde wissenschaftlich bis jetzt noch nicht ausreichend untersucht. Nichtsdestotrotz existieren Risikofaktoren, die Sie als Eltern nicht unterschätzen sollten. Im Falle, dass Sie mehrere der nachfolgenden Fragen mit ja beantworten können, sollten Sie Ihr Kind künftig möglichst gut beobachten:

$\frac{35}{17}$ War Ihr Kind bereits das eine oder andere Mal Cybermobbing-Täter?

$\frac{35}{17}$ Verfügt Ihr Kind über exzellente Computerkenntnisse?

$\frac{35}{17}$ Verbringt Ihr Kind viel Zeit in Chats und Foren?

$\frac{35}{17}$ Verfügt Ihr Kind über ein Social-Network-Profil (bei Facebook, Twitter & Co.)?

$\frac{35}{17}$ Ist Ihr Kind in Chaträumen nicht gerade beliebt?

$\frac{35}{17}$ Verhält sich Ihr Kind in Chaträumen manipulativ, lügt es oft und teilt es viele persönliche Kontaktdaten mit anderen Chattern?

$\frac{35}{17}$ Besucht Ihr Kind überwiegend extreme Chaträume (beispielsweise rassistische oder sexistische)?

6.4. Anschaffung eines eigenen Computers

Abbildung 9: Verzichten Sie darauf, Ihrem Kind zu früh einen eigenen Computer zu überlassen - es verfügt noch nicht über ein ausreichendes Maß an Medienkompetenz. Das geeignete Alter für die Anschaffung ist mit dem Eintritt in die Sekundarstufe erreicht.

Überlegen Sie sich frühzeitig, ob ihr 8 oder 9 Jahre altes Kind tatsächlich schon einen eigenen Computer benötigt oder ob er doch noch ein paar Jahre darauf warten kann. Sollte dessen Anschaffung nicht zu vermeiden sein, ist Ihnen zu raten, das Internetverhalten Ihres Kindes konsequent zu beobachten. Lassen Sie es in diesem Alter niemals alleine im Internet surfen. Psychologen raten davon ab, ein Kind vor Erreichen der Sekundarstufe mit einem eigenen PC zu konfrontieren. Danach allerdings lässt sich das nicht mehr vermeiden, da das Kind den Computer in der Regel für das Erledigen seiner Hausaufgaben benötigt.

Abbildung 10: Wird es bald ein Cybermobbing-Gesetz geben, das Täter für ihre Boshaftigkeit und Schadenfreude entsprechend bestrafen?

Experten plädieren für die Einführung des Unterrichtsfaches Medienerziehung sowie dafür, Lehrer künftig fortwährend auf Fortbildungskurse zum Thema Cybermobbing zu schicken, damit sie den Eltern beratend zur Seite stehen können. Außerdem steht aktuell die Einführung eines Cybermobbing-Gesetzes, das zur Sensibilisierung sowohl von Opfern als auch von Tätern beitragen soll, zur Diskussion.

Das Gesetz könnte dazu beitragen, dass Opfer erkennen, dass und wie sie sich rechtlich gegen Mobbing-Attacken wehren können. Gleichzeitig würden Täter bemerken, dass es sich bei Cybermobbing um keinen Spaß handelt, sondern dass Mobbing im Internet ein Verbrechen darstellt, bei dessen Anwendung eine entsprechend hohe Strafe droht. Die Einführung des Cybermobbing-Gesetzes könnte daher präventiv durchaus Früchte tragen. Da die Tendenz dahin geht, dass sich Cybermobbing in den letzten Jahren zunehmend auch bereits im Grundschulalter zeigt, müsste die Aufklärung über die Thematik idealerweise bereits im Kindergarten erfolgen.

Wenn sich Ihr Kind bereits inmitten des Cybermobbing-Prozesses befindet, ist es allerdings zu spät, über eventuelle Präventionsmaßnahmen nachzudenken. An dieser Stelle sei noch kurz erwähnt, dass es fast unmöglich ist, Cybermobbing zur Gänze zu verhindern. Grund hierfür ist die Tatsache, dass die Ursachen der Konflikte im wahren Leben und nicht im Internet liegen. Daher ist es unabdingbar, diese so früh wie möglich aus der Welt zu schaffen. Was

Sie tun können, um Ihr Kind in dieser schweren Phase zu unterstützen und ihm dabei zu helfen, sein Problem zu überwinden, erfahren Sie im nachfolgenden Kapitel.

7. Cybermobbing erfolgreich bekämpfen

Abbildung 11: Nicht selten führt Cybermobbing zu Selbstmord bei Kindern und Jugendlichen. Unternehmen Sie deshalb frühzeitig etwas gegen die Situation.

Ist ein Kind von Cybermobbing betroffen, so ist es dieser Situation zunächst hilflos ausgeliefert. Argumentativ wird es ihm nicht möglich sein, sich aus dem Teufelskreis zu befreien. Weil sich Ihr Kind als Opfer von Cybermobbing in der Rolle des Außenseiters befindet, kann es Hilfe von anderen Internet-Nutzern kaum erwarten. Eher ist es der Fall, dass diese sich als Mitläufer des Täters erweisen und diesen fleißig zum Weitermachen motivieren. Beachten Sie eines: Raten Sie Ihrem Kind auf keinen Fall, über seine Situation hinweg zu sehen und abzuwarten, bis sich das Problem früher oder später von alleine löst. Einerseits kann es sein, dass das nie passieren wird und andererseits ist das Risiko, dass Ihr Kind an einer psychischen Störung erkrankt, viel zu groß, um Cybermobbing als einen Spaß, der früher oder später endet, zu betrachten. Als Cybermobbing Opfer muss man sich zur Wehr setzen und der Täter muss zur Verantwortung gezogen werden.

7.1. Seien Sie für Ihr Kind da

Abbildung 12: Wenn Sie das Gefühl haben, dass Ihre Tochter von Cybermobbing betroffen ist, sollten Sie das Gespräch mit ihr suchen. Führen Sie aber bitte keine Schritte ohne ihr Wissen aus.

Wenn Sie vermuten oder wissen, dass Ihr Sohn oder Ihre Tochter Opfer von Cybermobbing geworden ist, sollten Sie nicht tatenlos zusehen. Viel zu groß ist die Gefahr, dass sich Ihr Kind früher oder später etwas antun könnte oder dass es in eine schwere psychische Erkrankung stürzt. Aber Achtung: Hüten Sie sich ebenfalls davor, vorschnell einzugreifen, denn sollte sich herausstellen, dass es sich überhaupt nicht um Cybermobbing handelt, dann wäre Ihr Einschreiten für Ihr Kind überaus peinlich. Nichtsdestotrotz nehmen Sie die Situation ernst und stehen Sie

Ihrem Kind bei. Machen Sie sich auch bewusst, dass Opfer zu Beginn alles daran setzen, ihre Opferrolle zu verheimliche. Ursache hierfür sind Schamgefühle. Tätigen Sie keine Schuldzuweisungen, denn Ihr Kind hat sich seine Opferrolle nicht ausgesucht. Reden Sie ihm gut zu. Sagen Sie ihm, dass es – egal, was ist – immer zu Ihnen kommen kann und dass es für jedes Problem eine Lösung gibt. Ermutigen Sie Ihr Kind dazu, seinen Gefühlen in Bezug auf das Cybermobbing Ausdruck zu verleihen. Seine Enttäuschungen hinunter zu schlucken, kann mit psychischen Problemen einhergehen.

7.2. Wechsel der Rufnummer und E-Mailadresse

Abbildung 13: Ihr Kind klagt über Cybermobbing? Dann sollten Sie es schleunigst dazu motivieren, seine Rufnummer und seine E-Mail-Adresse zu wechseln

Sollte Ihr Kind zugeben, von Cybermobbing betroffen zu sein, schlagen Sie ihm – auch wenn es auf den ersten Blick die nächstliegendste Lösung zu sein scheint - auf keinen Fall vor, sein Profil bei Facebook, Twitter und Co. zu löschen. Dieser Lösungsansatz würde auf taube Ohren stoßen, zumal mittlerweile beinahe jeder Jugendliche bei diesen Sozial-Network-Plattformen angemeldet ist. Besser ist es, dafür zu sorgen, dass es eine neue Handynummer und E-Mailadresse erhält.

7.3. Ignoranz als Mittel gegen Cybermobbing

Machen Sie Ihrem Kind klar, dass es künftig keine Reaktionen mehr auf die Attacken und Beleidigungen im Internet tätigen soll. Jede Rückmeldung führt zu weiteren Angriffen, weil der Täter auf diese angewiesen ist, um das Cybermobbing fortzuführen. Ignoranz dagegen führt dazu, dass das Cybermobbing früher oder später beendet wird, weil die Beleidigungen keine Früchte mehr tragen. Zielführend kann es auch sein, den Mobber auf der bestimmten

Seite sperren zu lassen. Schreiben Sie hierfür am Besten eine Beschwerde-Nachricht an den Plattform- beziehungsweise Seiteninhaber.

7.4. Gespräch mit dem Täter suchen

Abbildung 14: Das direkte Gespräch mit dem Täter kann eine gute Methode gegen Cybermobbing sein. Sollte dieser nicht einsichtig sein, ist der Weg zu seinen Eltern zu empfehlen.

Wenn Sie den Täter persönlich kennen, können Sie auch das direkte Gespräch mit ihm und seinen Eltern suchen. In den meisten Fällen missbilligen die Eltern das Verhalten ihres mobbenden Kindes und ziehen ihre Konsequenzen.

7.5. Polizei oder Rechtsanwalt einschalten

Abbildung 15: Wenn Ihre Tochter im Netz bedroht wird, sollten Sie die Polizei einschalten. Sichern Sie jegliche Beweise, um den Aktionen des Täters ein Ende zu setzen.

Setzen Sie keinen Schritt, ohne Ihr Kind von Ihrem Vorhaben in Kenntnis zu setzen. Wird Ihr Schützling massiv bedroht, beleidigt oder erpresst, dann macht sich der Täter straftätig, was die Hinzuziehung der Polizei sinnvoll machen würde. Sichern Sie sämtliche Beweise (E-Mails, SMS, Sozial-Network-Postings etc.). Die einfachste Möglichkeit hierbei sind Screenshots. An dieser Stelle spreche ich jedoch die Empfehlung aus, diesen Schritt nur mit Zustimmung Ihres Kindes auszuführen. Wenn der Täter bei der Polizei bereits häufiger negativ aufgefallen ist, stehen Ihre Chancen besonders gut. Unter Umständen kann es auch sinnvoll sein, einen Rechtsanwalt zu Rate zu ziehen. Damit dieser Schritt jedoch fruchtet, müssen gewisse Bedingungen erfüllt werden. So zum Beispiel haben Sie dann gute Chancen bei einem Anwalt, wenn es um ein Bild Ihres Kindes geht oder wenn Rufschädigung auf Kosten Ihres Kindes betrieben wird.

7.6. Den Täter bei der Plattform melden

Viele Sozial-Network-Plattformen wie beispielsweise Facebook, Twitter und Google+ bieten mittlerweile die Möglichkeit an, andere Nutzer, Gruppen und Seiten zu melden, insofern sie gegen die Richtlinien verstoßen. Es ist sinnvoll, von dieser Option Gebrauch zu machen, auch wenn man nur indirekt von den Attentaten der Täter betroffen ist.

7.7. Beleidigende Kommentare und ungewollte Fotos löschen lassen

Sollte Ihr Kind auf Seiten gemobbt werden, auf denen es nicht möglich ist, Kommentare oder Fotos selbst zu löschen, ist es am Besten, Sie kontaktieren den Inhaber der Seite und bitten ihn höflich um die Löschung der beanstandeten Nachrichten und Bilder. Bereits ein paar Tage später werden diese auch bei Google und den anderen Suchmaschinen nicht mehr gelistet.

7.8. Gespräch mit anderen Eltern

Abbildung 16: Setzen Sie gemeinsam mit den Eltern der anderen Kinder in der Klasse Ihres Kindes einen Zeitrahmen für die Internetnutzung fest. Dieser sollte begrenzt sein.

Kommt es bei Ihnen zuhause immer wieder vor, dass Ihr Kind sich auf das Argument beruft „Die anderen in meiner Klasse dürfen das auch alle!" beruft? Dann befinden Sie sich wahrscheinlich oft im Zwiespalt. Schließlich möchten Sie ja nicht, dass Ihr Kind von der Gemeinschaft ausgeschlossen und als Außenseiter empfunden und wie ein solcher behandelt wird. Geben Sie aber nicht vorschnell nach. Schließen Sie sich besser mit den Eltern der anderen Kinder zusammen und handeln Sie einen Deal aus. Treffen Sie Absprachen darüber, was die Kinder dürfen und wofür sie eindeutig noch zu jung sind. Stellen Sie sich gemeinsam die folgenden Fragen und finden Sie für alle Beteiligten akzeptable Antworten:

- Welche Seiten dürfen Ihre Kinder im Internet besuchen?
- Bei welchen sozialen Netzwerken dürfen Sie sich anmelden?
- Wie lange dürfen Ihre Kinder täglich im Internet surfen?

7.9. Zivilcourage gegen Mobbing

„Mein Traum ist es, dass eines Tages Jugendliche im Internet genau so wenig wegschauen, wenn irgendwo jemand beleidigt, beschimpft wird, wie man das eigentlich auf der Straße auch nicht macht. Zivilcourage im Internet, das muss eigentlich das Ziel von Medienerziehung in diesem Bereich sein."[4]

7.10. Selbsthilfe im Internet

Seit einiger Zeit gibt es im Internet die Selbsthilfe-Plattform juuuport.de, welche von der niedersächsischen Landesmedienanstalt gegründet wurde. Dort hat Ihr Kind die Möglichkeit, mit spezifisch ausgebildeten Menschen über seine negativen Erfahrungen mit dem Internet zu sprechen. Die dort tätigen Scouts sind zwischen 14 und 18 Jahre alt und genossen allesamt eine psychologische, medienpädagogische oder juristische Ausbildung. Ihr junges Alter ist insofern von Vorteil, dass sich Jugendliche oftmals lieber

---

[4]Lundgren 2010
http://www.dradio.de/dlf/sendungen/hintergrundpolitik/1307104/

mit Gleichaltrigen austauschen als mit ihren Eltern – schließlich empfinden sie sich als Gleichgesinnte, die ähnliche Erfahrungen erlebten und die mit dem Internet bestens vertraut sind. Viele Kinder konfrontieren ihre Eltern zunächst nur ungern damit, dass sie Opfer von Cybermobbing geworden sind. Viel zu groß ist Ihre Angst davor, auf Unverständnis zu stoßen oder sich Internetverbot ein zu heimsen. Außerdem kann die Situation für betroffene Kinder sehr peinlich sein, sodass sie ihre Eltern nicht damit belasten möchten.

7.11. Auch Schulen sind bei Cybermobbing behilflich

Weil das Thema Cybermobbing kontinuierlich an Bedeutung gewinnt, bilden mittlerweile drei Viertel aller Schulen so genannte Schülerscouts aus. Deren Aufgabe ist es, ihre Mitschüler über die Gefahren des World Wide Webs aufzuklären. Viele von ihnen stellen außerdem Workshops sowie Unterstützerteams für Mobbing-Opfer zur Verfügung. Schicken Sie Ihr Kind auch dort hin.

8. Nachwort

Cybermobbing ist ein ernst zu nehmendes Thema, das kontinuierlich an Bedeutung gewinnt, denn immer mehr junge Menschen erleiden infolge einer Mobbing-Attacke im Internet massive psychische Probleme oder werden sogar in den Selbstmord getrieben. Daher ist es an der Zeit, dass Eltern, Lehrer und alle anderen Erwachsenen einen Beitrag leisten, um Kinder und Jugendliche von heute über das Internet und seine Folgen besser aufzuklären und im Fall der Fälle schnell Hilfe zu leisten. Auch Seitenbetreiber von Facebook & Co. müssen in die Pflicht genommen werden, bei Verdacht auf Cybermobbing künftig schneller zu reagieren. Wenn Ihre Tochter oder Sohn Sie mit der Thematik Cybermobbing konfrontiert, reden Sie das Problem nicht klein, sondern bedenken Sie stets:

1. *„Das Cybermobbing kann viel schlimmer und dramatischer sein, als Mobbing auf dem Schulhof im kleinen Kreis. Früher fühlten sich die Opfer zuhause sicher. Aber heute gibt es keinen Schutzraum mehr. Die Cybermobber kommen*

ins Kinderzimmer." Der Terror laufe oft über einen langen Zeitraum."[5]

5 Zit.n. Yuriko Wahl-Immel, DPA (2013)

9. Links zu seriösen Beratungsstellen

³⁵/₁₇Kostenlose telefonische Beratung für Kinder, Jugendliche und Eltern in allen Lebenslagen
http://www.nummergegenkummer.de

³⁵/₁₇Online-Beratung für Kinder, Jugendliche und Eltern von der Bundeskonferenz für Erziehungsberatung:
http://www.bke-beratung.de

³⁵/₁₇Informationen und Beratung für Jugendliche durch speziell ausgebildete andere Jugendliche:
http://www.juuuport.de/infos-videos-news/%C3%9Cble-Nachrede-im-Internet-Wenn-die-Ger%C3%BCchtek%C3%BCche-online-brodelt.../48/?from=post_of_month

10. Vita

 Manuela Aberger wurde im Jahr 1987 in St. Johann in Tirol geboren und ist Mutter eines 8 Jahre alten Mädchens. Von Beruf ist sie erfolgreiche Ghostwriterin und Autorin. Dabei behandelt sie vor allem Fragen aus den Themengebieten Psychologie, Familie, Erziehung, Hobby & Freizeit sowie allgemeine Lebensberatung. Nähere Informationen über die Autorin und ihre Tätigkeiten und Werke finden Sie unter: www.schreibbuero-und-lektorat-manuela-aberger.at

Abbildungsverzeichnis

11. Literaturnachweis

aphorismen.de: http://www.aphorismen.de/suche?f_thema=Mobbing (abgerufen am 04.05.2013)

Bundesministerium für Familie, Senioren, Frauen und Jugend (2011): *Was ist Cybermobbing?* http://www.bmfsfj.de/BMFSFJ/cybermobbing,did=168578.html (abgerufen am 04.05.2013)

Kappe, Nikolas (2013): *Leserdebatte: Selbstmord nach Cyber-Mobbing in Kanada.* Gerechtigkeit durch Druck aus dem Netz? http://www.tagesspiegel.de/meinung/andere-meinung/leserdebatte-selbstmord-nach-cyber-mobbing-in-kanada-gerechtigkeit-durch-druck-aus-dem-netz-/8087212.html (abgerufen am 04.05.2013)

Laufer Barbara (2013): *Was Eltern gegen Cybermobbing tun können.* http://www.welt.de/gesundheit/psychologie/article115761172/Was-Eltern-gegen-Cybermobbing-tun-koennen.html (abgerufen am 04.05.2013)

Lundgren, Manuela (2010):*Virtuelle Belästigung mit realen Folgen - Immer mehr Jugendliche klagen über Mobbing im Internet.* In: dradio.de, Deutschlandfunk,*Hintergrund*, 31. Oktober 2010 http://www.dradio.de/dlf/sendungen/hintergrundpolitik/1307104/ (abgerufen am 14.5. 2013)

Müsgens, Martin (2010): *Cyber-Mobbing.* Möglichkeiten der Prävention und Intervention. http://jugend.muenster.de/fachtag_cm/klicksafe.pdf (abgerufen am 05.05.2013)

Pieschl, Stephanie & Porsch, Torsten (2012): *Schluss mit Cybermobbing!:* Das Trainings- und Präventionsprogramm Surf-Fair. 1. Aufl.: Beltz Verlag.

Rickmann Andreas (2013): *Nacktfotos auf Facebook.* Wie schütze ich mein Kind vor Cybermobbing? http://www.bild.de/digital/internet/mobbing/tipps-gegen-cybermobbing-29874312.bild.html (abgerufen am 04.05.2013)

EIBOR, Tübingen & KIBOR, Tübingen (2010): *Mobbing und Cyber-Mobbing an beruflichen Schulen:* Problemlagen und Interventionsmöglichkeiten. 1. Aufl.: Books on Demand.

Sonnberger, Heike (2012): *Klassenhass im Internet: "Du nervst, geh sterben"* http://www.spiegel.de/schulspiegel/cybermobbing-auf-facebook-schuelerin-erstattet-anzeige-a-853596.html *(abgerufen am 14.5.2013)*

Yuriko Wahl-Immel, DPA *(2013): Cybermobbing bei Jugendlichen. Der alltägliche Psychoterror auf Facebook http://www.stern.de/digital/online/cybermobbing-bei-jugendlichen-der-alltaegliche-psychoterror-auf-facebook-2012637.html (abgerufen am 01.06.2013)*